TRAVAILLER
CHEZ SOI

TRAVAILLER CHEZ SOI

Texte original de
Lorrie Mack

Adaptation française de
Ariel Marinie

GRÜND

**Adaptation française
de Ariel Marinie
Texte original de Lorrie Mack
Secrétariat d'édition : Sophie Grêlé**

Première édition française 1996
par Librairie Gründ, Paris
© 1996 Librairie Gründ
pour l'adaptation française
ISBN : 2-7000-5325-7
Dépôt légal : janvier 1996
Édition originale 1995
par Conran Octopus Limited
sous le titre original
Making the most of work spaces
© 1995 Conran Octopus
© 1995 Lorrie Mack pour le texte
Photocomposition : PFC, Dole
Imprimé à Hong Kong

SOMMAIRE

INTRODUCTION

Le développement du travail à domicile est l'un des changements les plus significatifs de ces dernières décennies. Cette évolution est due en grande partie aux progrès technologiques réalisés dans les domaines de la communication et de l'informatique. Elle s'explique aussi par les bouleversements du marché de l'emploi et par la proportion élevée de femmes qui souhaitent reprendre une activité après la naissance de leurs enfants. Sur les millions de gens qui travaillent à domicile, certains le font parce qu'ils n'ont pas d'alternative, mais beaucoup choisissent ce mode de vie parce qu'il leur convient mieux ou s'avère plus lucratif.

Mais il n'y a pas que le travail de bureau que l'on puisse faire chez soi : de nombreux métiers de création et d'artisanat se pratiquent également à domicile. En outre, certains hobbies requièrent un aménagement spécifique de l'espace, et les tâches domestiques, telles que la correspondance, le règlement des factures et la comptabilité deviennent plus agréable dans un lieu confortable et fonctionnel.

Depuis quelques années, un nouveau secteur est apparu dans l'industrie des équipements de bureau pour combler les lacunes du marché. Afin de répondre aux besoins des petites entreprises à domicile et des personnes travaillant à leur compte, les équipements de base sont de plus en plus fonctionnels et bon marché.

Tandis que les espaces de travail des grandes entreprises sont conçus et meublés par des professionnels disposant d'importants budgets, les espaces de travail à domicile sont généralement aménagés un peu au hasard et équipés de meubles et de matériel achetés à bon marché, empruntés à d'autres pièces de la maison ou donnés par des amis. Trop souvent, cela crée des espaces de travail inadéquats qui font du travail à domicile une expérience pénible et peuvent provoquer une sérieuse baisse de motivation.

Heureusement, aménager un espace de travail à la fois confortable, pratique et élégant n'est pas nécessairement difficile ou coûteux. Avec un minimum de savoir-faire, un peu de bon sens et beaucoup d'imagination, vous pouvez transformer le coin le moins avenant en un lieu parfaitement fonctionnel et agréable.

GÉRER L'ESPACE

Lorsque vous êtes mécontent d'une pièce de la maison, c'est souvent par suite d'une mauvaise gestion de l'espace. Si l'on attache de l'importance aux pièces de réception et à la chambre, les espaces de travail sont généralement improvisés sans grande considération pour leur esthétique ou leur fonctionnalité. En fait, si vous étudiez minutieusement chaque détail à l'avance, vous avez fait un bon pas en avant dans l'aménagement d'un bureau ou d'un atelier qui répondra pleinement à vos besoins et ne risquera pas de vous décevoir.

ÉLABORER UN PROJET

Travailler à domicile peut inclure une quantité d'activités diverses, allant d'une petite entreprise d'informatique à la couture, à la peinture, à la création de bijoux ou simplement aux tâches administratives – courrier, factures, etc. Quelle que soit la forme que prend votre travail, vous vous apercevrez qu'il devient beaucoup plus facile lorsque l'espace que vous lui consacrez est fonctionnel, agréable et sans risque, et le seul moyen de s'assurer que tous ces critères sont remplis est de concevoir l'espace avec un grand souci de détail et d'établir un plan précis.

Le choix d'un emplacement

La première chose à faire est de décider où se trouvera votre espace de travail ; pouvez-vous lui consacrer une pièce entière ou devrez-vous adapter un coin de salle à manger ? Si tout ce dont vous avez besoin, c'est d'un endroit pour rédiger votre courrier, régler vos factures ou coller des timbres dans un album, alors un bureau bien conçu dans un coin tranquille suffira largement. La situation se complique lorsque vous devez équiper l'endroit pour une activité à plein temps ou pour un hobby qui requiert beaucoup d'espace ou de temps.

Dans certains domiciles, il peut y avoir une pièce inutilisée ou un espace susceptible d'être reconverti, tel qu'une cave, un grenier, un garage, une serre ou même un réduit pas trop exigu. Si l'une de vos pièces est suffisamment haute, vous pouvez y installer une galerie ou mezzanine en console pour y aménager votre bureau ou votre atelier. Étudiez le potentiel des surfaces mal utilisées telles qu'un palier ou un grand couloir.

L'un des compromis les plus courants consiste à partager votre espace de travail avec d'autres activités. L'idéal est d'installer cet espace dans une pièce que vous n'employez pas quotidiennement. Si vous ne disposez pas d'une telle pièce, vous devrez adapter l'une de celles que vous utilisez couramment.

Lorsque vous choisissez une pièce, l'un des principaux critères est l'espace ; la pièce la plus vaste devrait théoriquement permettre la plupart des activités, mais l'espace n'est pas le seul critère à prendre en compte, et parfois même, ce n'est pas le plus important. Il peut sembler raisonnable, par exemple, d'installer votre bureau dans la chambre à coucher, qui n'est occupée que la nuit. Pour beaucoup, cela semblera une excellente solution, mais certains risquent d'avoir du mal à se détendre dans une pièce si étroitement associée aux tensions et aux moments d'affolement de la journée de travail. De même, si votre activité demande un minimum de calme et d'intimité, il sera malaisé d'aménager votre espace de travail dans la cuisine familiale, si spacieuse soit-elle.

Il est cependant toujours possible de séparer une partie de la pièce à l'aide de portes coulissantes ou d'un rideau. Sinon, définissez-la plus subtilement à l'aide d'un meuble placé de façon judicieuse, par exemple un grand paravent, une bibliothèque sur pieds ou même simplement un divan au dossier assez haut. Cette idée est également valable pour convertir en espace de travail un autre type d'emplacement : une alcôve assez profonde pour contenir un bureau et des étagères à livres encastrées.

UN RECOIN ENSOLEILLÉ

Beaucoup de lumière naturelle,
des proportions généreuses et
l'existence de deux alcôves
profondes font de cette salle de
séjour au plafond élevé (ci-contre)
un lieu idéal pour l'aménagement
d'un bureau à domicile. Installé
dans le recoin le plus ensoleillé, il
comprend une étagère encastrée
pourvue d'un bloc-tiroirs ; cette
formule permet de maximaliser la
surface de rangement et de travail,
sans empiéter sur l'espace au sol.

En dépit du nombre d'activités
qu'elle abrite, cette pièce présente
un aspect net, vivant ; ceci est dû
au fait que le désordre est caché
derrière des portes : il y a toute
une rangée de placards spacieux
au-dessus des deux alcôves
et de la cheminée. Les espaces
de rangement sont répartis
en fonction de leur degré
d'accessibilité : les ouvrages
de référence couramment utilisés
sont placés juste au-dessus du sol,
tandis qu'une maquette
d'architecte domine la pièce.

Le propriétaire de cette chambre
toute blanche (page précédente à
gauche) a usé de la même tactique
consistant à prolonger la surface
de travail au-delà de l'alcôve pour
créer le plus d'espace possible.

À une échelle beaucoup plus
modeste, un simple renfoncement
de fenêtre a permis d'aménager
ce coin-travail compact et très
ensoleillé (page précédente
à droite).

11

UN LIEU APPROPRIÉ

Les personnes travaillant à domicile à temps plein ont des besoins en espace beaucoup plus importants et plus complexes que celles qui se contentent de régler des papiers courants. Un espace de travail aménagé dans une cave (à gauche), par exemple, est idéal pour les tâches peu importantes, mais complètement inadapté à un usage professionnel : il n'y a pas d'éclairage direct sur le bureau, les espaces de rangement sont presque inexistants et le fauteuil pliant s'avère inconfortable au bout d'un certain temps.

Le bureau situé dans cette pièce claire et spacieuse (ci-dessus, à droite), a été conçu pour remplir des fonctions beaucoup plus sérieuses : le bureau en forme de L offre une vaste surface de travail et est pourvu d'un bloc à deux tiroirs qui, avec le placard tout proche, permet de ranger toutes sortes d'affaires. Deux lampes de bureau fournissent un éclairage adéquat, et la chaise de bois traditionnelle, si elle n'est pas idéale d'un point de vue ergonomique, est du moins parfaitement adaptée à sa fonction.

Si vous vous servez peu de votre bureau, essayez de le caser dans l'espace situé sous un escalier (à droite). Ici, un bureau et une étagère fixés à un mur recouvert de frisette permettent de tirer le meilleur parti possible de ce recoin inutile. Créez une illusion d'espace et donnez un aspect fait sur mesure à votre décor en utilisant du bois ou un fini de peinture qui fasse écho à la rampe de l'escalier. Pour dégager votre espace de travail, optez pour une lampe de bureau que vous fixerez au mur ou à l'étagère.

Le fait d'isoler ainsi des espaces multifonctions ne crée pas seulement un environnement plus intime où l'on n'est pas sans cesse interrompu par diverses formes d'intrusion, il permet également de résoudre l'un des inconvénients majeurs inhérents à ce type de compromis – le fouillis. Le désordre que génère inévitablement le travail en cours ne fait rien pour rehausser le style d'une pièce, mais vous vous lasserez vite de ranger papiers et documents chaque soir pour les ressortir le lendemain matin. L'une des solutions possibles consiste à suspendre un rideau que vous tirez à la fin de votre journée de travail pour dissimuler le désordre ou plus simplement à recouvrir tout ce qui a trait à votre activité professionnelle d'une pièce d'étoffe qui s'harmonise discrètement avec la décoration d'ensemble.

INVENTAIRE DE L'ESPACE DE TRAVAIL

- Surface de travail : pour la plupart des tâches, les meilleures dimensions sont de 150 x 85 cm.

- Sièges : devrez-vous accueillir des visiteurs ? Si vous n'avez pas assez de place pour plusieurs sièges, investissez dans quelques sièges pliants.

- Rangement : dressez une liste détaillée de vos besoins ; le fait de préciser simplement « livres » ne vous dira pas combien de place ils occuperont. Voyez s'il vous faudra commander (et par conséquent ranger) une quantité minimum de matériaux spécifiques ou de fournitures de bureau, et décidez à l'avance quels dossiers vous devrez avoir sous la main et lesquels peuvent être rangés ailleurs.

- Équipement : aurez-vous un téléphone, un fax, un répondeur, un ordinateur, une photocopieuse, une machine à coudre, une bouilloire électrique, etc. ? Si vous utilisez des appareils électriques, en particulier s'ils produisent beaucoup de chaleur (par exemple un fer à souder pour créer des bijoux), ajoutez un extincteur à votre liste. N'oubliez pas que les ordinateurs dessèchent considérablement l'atmosphère et prévoyez l'achat d'un humidificateur.

SOLUTIONS
DE RANGEMENT

Assurez-vous que tout le matériel et tous les accessoires que vous utilisez régulièrement sont à portée de main. Les deux rangements qui soutiennent le bureau de cette salle de séjour (à gauche) contiennent des fournitures, des dossiers et des petits accessoires de bureau, de sorte qu'une partie du plateau peut servir de surface d'exposition.

Si vous disposez de beaucoup d'espace, achetez un chariot capable de contenir tout ce dont vous avez besoin et que vous pourrez aisément ranger à la fin de la journée. La surface de travail arrondie ingénieusement fixée dans ce recoin exigu (à droite) serait tout à fait inadéquate sans les espaces de rangement fournis par ce grand modèle en bois.

Définir vos besoins

Une fois que vous avez déterminé où vous allez installer votre espace de travail, dressez une liste de tout ce dont vous aurez besoin pour l'équiper. Il vous faudra au minimum une surface de travail, une chaise, des éléments de rangement et tous les équipements liés à votre activité professionnelle. Rappelez-vous que vous ferez un meilleur usage de l'espace disponible en optant pour une surface de travail incorporée plutôt que pour un bureau ou une table sur pieds. L'une des principales fonctions de cette liste est de définir quelle capacité et quel type de rangement vous sont nécessaires – ainsi, les livres et les fichiers exigent des étagères solides, tandis que les disquettes informatiques doivent être conservées dans des boîtes fermées et qu'une correspondance volumineuse est plus accessible dans des tiroirs.

Les objets que vous utiliserez constamment doivent être accessibles, tandis que ceux dont vous vous servez plus rarement peuvent être rangés plus loin. Ainsi, si vous passez votre vie au téléphone, vous perdrez un temps fou à traverser la pièce pour l'atteindre, mais si vous ne faites que deux ou trois appels par jour, vous gagnerez de la place en ôtant le téléphone de votre bureau. De même, un fax qui vous délivre sans cesse des messages urgents doit être à portée de main, mais s'il ne vous sert qu'occasionnellement, il vaut mieux l'installer dans une autre pièce.

Si vous travaillez dans une pièce séparée et avez

DEUX EN UN

Conçus à l'origine pour arrêter les courants d'air et assurer un minimum d'intimité, les paravents constituent une solution idéale pour définir un espace de travail à l'intérieur d'une zone plus vaste et pour dissimuler le désordre.

Vous pouvez acheter – ou fabriquer – des paravents de tailles et de styles différents suivant vos besoins et la personnalité de la pièce.

Les paravents les plus simples sont faits de plusieurs panneaux plats en bois avec une belle finition ou en planches recouvertes de tissus et souvent rembourrées pour donner un aspect plus doux, plus texturé, à l'objet. Les versions plus élaborées consistent en plusieurs cadres tendus d'étoffes.

Dans la plupart des cas, trois panneaux suffisent largement, mais si vous voulez un paravent très haut – par exemple pour dissimuler des étagères mal rangées –, vous devrez également augmenter sa largeur (et par conséquent le nombre de panneaux) afin qu'il reste stable.

Dans cette chambre à double fonction (ci-dessus), un simple paravent tendu d'étoffe bleue unie permet d'isoler la surface de travail en forme de L, et crée une atmosphère plus propice à la détente le soir. Le paravent s'intègre bien au reste du décor, mais si celui-ci a un style plus rustique ou un style ancien, choisissez un paravent froncé à fleurs, un brocart ou un ensemble de panneaux de tissus assortis.

PROJET DE TRANSFORMATION

Ces six élégants panneaux dissimulent tout l'équipement et tous les accessoires nécessaires pour transformer une confortable salle à manger en bureau. Fait dans un bois naturel au ton chaud qui s'harmonise bien avec le reste du décor, ce paravent est escamotable et peut rester discrètement appuyé au mur jusqu'à l'heure du repas.

Notez également l'unité de rangement pourvue d'étagères qui semble n'avoir pas de support.

Pour les pièces à double fonction comme celle-ci, les couleurs naturelles unies et les matériaux pratiques tels que le métal, le bois, le coton et le sisal sont toujours un choix judicieux.

UN MUR DE TRAVAIL

Ce studio sert de base à une petite entreprise multimédia. Pour installer tous les services fondamentaux (électricité, télécommunications, plomberie et déchets) de façon efficace et séparer les espaces de loisir des espaces de travail, l'architecte a placé la cuisine, le centre audiovisuel et le bureau côte à côte le long d'un mur.

Reliées visuellement par une harmonie de couleur noire et blanche, les différentes sections ont été conçues pour accueillir l'équipement et le matériel nécessaires, tout en offrant une grande facilité d'utilisation. Le choix de surfaces pratiques et résistantes telles qu'un plancher de vinyle, des murs de céramique et des surfaces de travail lamifiées permet un minimum d'entretien.

besoin de calme et d'intimité (par exemple pour donner des consultations) ou si votre activité est très bruyante (si vous utilisez une perceuse ou un marteau), il faut prévoir une bonne isolation phonique de votre local. Cela implique des installations sophistiquées telles que des doubles portes ou un revêtement spécial pour les murs, mais une lourde tenture sur la porte ou un revêtement mural fait d'épaisses plaques de liège ou de panneaux de fibres agglomérées recouverts de feutre, voire un plancher, peuvent s'avérer tout aussi efficaces. Des étagères garnies de livres et couvrant tout un pan de mur constituent également une excellente forme d'insonorisation.

Gérez votre espace

Pour déterminer la place de vos divers équipements et accessoires, vous devrez évaluer les dimensions des principaux meubles : bureau, chaise, classeur, étagères à livres, etc. La technique éprouvée qui consiste à découper des formes à l'échelle et à les disposer sur un plan d'architecte permet souvent d'éviter certaines erreurs. N'oubliez pas cependant de tenir compte de l'espace que requiert chaque élément pour une utilisation pratique et sans danger. Par exemple, pour un fauteuil de bureau, il faut prévoir un espace minimum d'un mètre d'espace entre le bureau et le mur ou un autre meuble, afin de

LE SENS DU DÉTAIL

Peu de gens peuvent s'offrir un luxueux bureau créé sur mesure tel que celui-ci, mais certains de ses éléments peuvent facilement être adaptés à des locaux plus modestes. Ainsi, les étagères incorporées sont construites avec des montants qui forment des carrés et des rectangles bien nets ; ceux-ci constituent des compartiments de rangement compacts et bien organisés et ajoutent un aspect esthétique à l'ensemble.

À la fenêtre, un simple store élimine les reflets lorsque les rayons du soleil sont trop forts. La plupart du temps, cependant, il reste relevé, prenant peu de place, n'obscurcissant pas la pièce et laissant intacte la très belle vue.

pouvoir vous lever facilement. Prévoyez également un espace d'un mètre devant un classeur afin de pouvoir ouvrir
les tiroirs sans difficulté, tandis que 90 cm suffisent généralement devant une rangée d'étagères.

Une autre mesure utile est la distance que vous pouvez
atteindre en tendant le bras au-dessus de votre surface
de travail en position assise : la zone la plus confortable se
situe en deçà de 75 cm, aussi devrez-vous essayer de
placer à l'intérieur de cette zone tous les objets que vous
utilisez constamment – clavier, téléphone, stylos, blocs-
notes, etc. L'espace situé immédiatement au-delà – entre
75 et 95 cm – est plus difficilement accessible et devra
être réservé aux objets moins souvent utilisés, par
exemple une corbeille à courrier. Les personnes qui ont la
chance d'avoir un bureau d'une profondeur supérieure à
95 cm devront probablement se lever pour atteindre tous
les objets posés le long du bord opposé.

Lorsqu'une surface est particulièrement réduite et en-
combrée, vous pouvez la dégager en faisant installer un
téléphone mural. Si votre bureau est appuyé contre un
mur, vous pouvez même installer un écran d'ordinateur
sur une étagère fixée au mur à la hauteur souhaitée. Ces
dispositifs ingénieux pivotent à volonté et peuvent se re-
plier lorsque vous n'en avez plus besoin.

Autre possibilité : débarrassez votre surface de travail d'une partie de vos affaires pour les placer sur un
chariot. Choisissez un modèle prévu pour cette usage,
avec de petits tiroirs et des plateaux, ou bien une table
roulante standard pourvue de deux étagères spacieuses.
À la fin de la journée, il vous suffit de repousser ce système de rangement sous le bureau ou dans un coin de la
pièce.

UN ENSEMBLE HARMONIEUX

Un espace de travail aménagé dans une pièce multifonctions doit s'harmoniser avec ce qui l'entoure. Ici, un studio de design bien équipé et bien organisé a été installé à l'une des extrémités d'une salle de séjour claire et spacieuse. L'immense table, récupérée dans une école ou une bibliothèque publique et convertie en surface de travail, offre de généreux espaces de rangement, grâce notamment à ses nombreux tiroirs ; elle permet en outre de séparer le coin-travail du reste de la pièce.

Les couleurs de terre et les textures naturelles – les murs crème, le bois doré bien ciré et les carreaux de céramique bruns – créent une atmosphère chaude et conviviale, mettant en valeur aussi bien les éléments décoratifs que les accessoires professionnels.

21

TABLE MULTIFONCTIONS

Quand plusieurs activités se disputent l'espace chez vous, vous pouvez résoudre le problème en vous procurant une grande table robuste, puis en installant à proximité assez d'espaces de rangement fermés ou cachés pour chacune de ces activités, qu'il s'agisse d'un hobby ou d'une activité purement domestique.

Cette succession de rangement intégré est divisée en plusieurs sections distinctes, dont chacune est affectée à une fonction différente. Après les repas, une fois que tous les verres, assiettes et couverts sont retournés sur leurs étagères respectives, la grande table de salle à manger redevient une table de coupe. La machine à coudre est fixée à un plan de travail à charnières escamotable sur laquelle on fait coulisser des portes lorsqu'on n'en a plus besoin.

SOLUTIONS COULISSANTES

Installez deux grandes portes coulissantes faites sur mesure pour séparer votre espace de travail du reste de la pièce. Ces portes coûteront sans doute plus cher qu'une rangée d'étagères et un bureau, mais la construction d'une extension ou d'un mur interne s'avérerait encore plus onéreuse.

Cet ingénieux bureau en forme de U (à gauche) installé dans la salle de séjour familiale occupe très peu d'espace au sol, et pourtant tous les éléments – l'ordinateur encastré, la surface de travail avec son tiroir-clavier intégré, la planche à dessin dans l'angle et le système de rangement spacieux – sont placés de façon à permettre à l'utilisateur d'atteindre tout ce qu'il veut sans difficulté.

S'organiser pour plus de confort et de sécurité

C'est seulement au cours des dernières années – l'ordinateur dominant de plus en plus l'espace de travail –, que la nécessité d'une organisation ergonomique a été communément admise. Cependant, beaucoup des principes de base sont simplement une question de bon sens et pourraient s'appliquer à un large éventail d'activités différentes. Ainsi, le fait de positionner votre écran à la bonne hauteur évite cette tension du dos et des épaules qui se produit inévitablement lorsque vous gardez le cou incliné pendant des heures d'affilée. De même, un chevalet de peintre peut être placé plus ou moins haut, et le fait de le déplacer juste assez pour pouvoir travailler le buste et la tête bien droits, au lieu d'être légèrement courbé, est salutaire pour la colonne vertébrale.

Les causes d'inconfort les plus communes sont les maux de tête et la tension oculaire, et un éclairage adéquat permettra de réduire ce genre de problème (voir chapitre 5). Quand vous préparez votre plan d'architecte, il est préférable de placer votre surface de travail près d'une fenêtre, en particulier si celle-ci offre une belle vue. Cependant, évitez de placer votre chaise face à l'éclat éblouissant du soleil. Quant aux ordinateurs, ils doivent toujours être éclairés d'en haut ou obliquement, car tout reflet sur l'écran est irritant pour l'utilisateur et peut à la longue entraîner des troubles oculaires.

Enfin, un inconvénient trop souvent négligé est le nombre de fils et de prises que l'on trouve inévitablement dans une zone de travail bien équipée ; il suffit d'un téléphone, d'un répondeur, d'un ordinateur et d'une lampe de bureau pour créer un dangereux enchevêtrement de fils et pour surcharger une prise multiple. La meilleure solution est de faire installer d'autres prises à proximité des équipements que vous utilisez couramment, de rassembler les câbles et fils électriques dans une enveloppe de bois ou de plastique, ou de les fixer au mur ou au-dessous d'un bureau ou d'une table. Cette mesure simple peut éviter un grave accident.

Prendre des précautions

Même si vous vous conformez très consciencieusement aux règles de sécurité, il y a toujours des risques d'incendie ; si vous n'êtes pas équipé pour leur faire face, vous mettez votre maison et votre situation en danger.

Les artisans qui travaillent avec une flamme nue ou avec des outils produisant de la chaleur sont généralement plus conscients de ce danger que les personnes qui font un travail de bureau ; pourtant, les équipements de bureau les plus banals, comme les ordinateurs, les fax (plus, bien sûr, les bouilloires électriques et les machines à café) peuvent devenir extrêmement dangereux si leurs fils sont usés ou s'il y a un faux contact. Fumer constitue un danger supplémentaire, en particulier dans les bureaux où il y a beaucoup d'objets inflammables, comme le papier.

La première et plus simple protection contre le feu est une alarme à fumée ; faciles à trouver dans le commerce

PETITS ESPACES

Avec un peu d'imagination, vous pouvez installer une surface de travail parfaitement fonctionnelle dans un espace étonnamment restreint.

Une bonne astuce consiste à acheter une table à tréteaux que vous pouvez démonter en un clin d'œil lorsque vous avez besoin de l'espace qu'elle occupe. Sous la chambre en mezzanine (page de gauche), une paire de tréteaux soutient une surface de travail peu profonde qui n'empiète pas sur la zone de passage.

Coupé sur mesure aux dimensions d'un recoin (ci-contre), ce triangle de bois clair constitue un bureau idéal pour une utilisation occasionnelle. Soutenu par deux tasseaux de la même couleur que lui, ce mini-bureau n'empiète pas sur la surface au sol. En outre, il permet de transformer un recoin difficile à aménager en un précieux espace de travail et de rangement.

et peu coûteux, ces dispositifs émettent un son strident dès qu'ils détectent de la fumée. Les alarmes domestiques sont alimentées par de petites batteries, et elles bipent par intermittence lorsque celles-ci ont besoin d'être remplacées. Comme l'air chaud et la fumée montent, il faut fixer votre alarme au plafond ou en haut d'un mur.

Si vous décidez d'installer un extincteur dans votre bureau, assurez-vous qu'il est conçu pour combattre les incendies d'origine électrique aussi bien que ceux causés par le bois, le papier et les liquides inflammables.

Aménager une surface de travail qui soit à la fois pratique et confortable (à droite) est vital lorsqu'on travaille chez soi à temps plein. Pour des exigences plus modestes, des surfaces réduites peuvent être aménagées avec succès. Ainsi, un grand plan de travail installé sous un toit en soupente permet deux activités distinctes (ci-dessous à droite). S'il est assez profond, un renfoncement d'escalier peut accueillir un bureau et des unités de rangement. Ici (ci-dessous à gauche), les marches ouvertes créent une impression de lumière et d'espace.

AMÉNAGER UN ESPACE DE TRAVAIL

- Installez une surface de travail suffisamment haute pour ne pas être obligé de vous pencher lorsque vous y travaillerez ; laissez beaucoup d'espace libre en dessous. Elle devrait se situer à environ 63-76 cm du sol.
- Vérifiez qu'il y a assez de place pour permettre tous les mouvements requis par le maniement des outils et équipements usuels.
- Placez votre écran d'ordinateur à hauteur des yeux – ou légèrement au-dessous. Si nécessaire, hissez-le sur des livres que vous utilisez rarement.
- Placez le clavier au niveau du ventre, soit à environ 5-6 cm au-dessous de la surface de travail, afin que vos avant-bras et vos poignets se trouvent à l'horizontale lorsque vous tapez.
- Si votre travail vous oblige à recopier des documents, évitez de placer ceux-ci à plat sur une surface attenante. Placez les documents à la verticale sur un support entre l'écran et le clavier ou à côté de l'écran.
- Vos pieds doivent toucher le plancher. Si ce n'est pas le cas ou si vous préférez travailler avec les jambes légèrement surélevées, utilisez un appui ou une barre spéciale.

Les ordinateurs doivent être positionnés de façon à ce que la lumière – naturelle ou artificielle – tombe sur l'écran de biais (ci-dessus) au lieu d'aveugler l'utilisateur ou de causer des reflets sur le verre de l'écran.

Ce palier fait un bureau idéal (à gauche). La surface de travail incorporée ne permet pas seulement de maximaliser l'espace disponible, elle est également fixée à la hauteur adéquate pour l'utilisateur. Une chaise sculpturale fait écho aux plans inclinés du plafond.

MEUBLES DE TRAVAIL

L'une des manières d'incorporer une surface de travail et de rangement dans un projet minimaliste consiste à investir dans un meuble aux lignes pures contenant tous les équipements nécessaires et qui vous permette de fermer les portes sur le travail en cours à la fin de la journée. Sinon, faites appel à un artisan spécialisé ; cela coûtera plus cher, mais le meuble sera superbe et répondra à la perfection à tous vos besoins. Il pourrait même prendre de la valeur et devenir plus tard une antiquité.

ANGLES INTÉRIEURS

La forme géométrique très pure de ce meuble-armoire (page ci-contre à gauche) convient à l'élégance sobre du décor. En outre, son bois clair au grain fin s'harmonise parfaitement avec les murs crème unis et avec le revêtement de sol en fibre de coco, de sorte que ses proportions imposantes n'écrasent pas la pièce.

Afin de créer un contraste tonique, l'intérieur est en bois teint en noir (à gauche). Outre un système de rangement fait sur mesure et comprenant des étagères, des tiroirs et des placards, ce meuble est également équipé d'une mince surface de travail escamotable ; lorsque dossiers et documents s'accumulent, la table qui se trouve à côté peut être mise à contribution.

Certaines des portes intérieures du meuble cachent des compartiments de rangement dessinés sur mesure destinés aux fournitures ainsi que des classeurs revêtus de lin (à droite).

LE STYLE

Lorsque vous vous lancez pour la première fois dans une carrière de travailleur indépendant ou que vous vous essayez à une nouvelle forme d'artisanat ou à un nouveau hobby, il se peut que l'esthétique de votre espace de travail ne compte pas parmi vos priorités.

Pourtant, un environnement attrayant reflétant vos goûts et vos centres d'intérêt vous récompensera vite de vos investissements en temps et en argent, en vous stimulant et en augmentant le plaisir que vous prenez à travailler.

UN DÉCOR APPROPRIÉ

Pour créer la meilleure atmosphère possible, tous les espaces de travail, quel que soit leur emplacement, doivent être attrayants et personnalisés, mais jamais surchargés ou écrasants. Il est important qu'ils soient fonctionnels et pratiques sans paraître ternes ; enfin, ils doivent stimuler votre énergie et votre créativité, tout en vous assurant un environnement professionnel calme et sécurisant.

Cependant, un bureau, un atelier ou un studio installés à domicile doivent être intégrés au reste du décor. Si votre espace de travail fait partie d'une chambre, d'une salle à manger ou d'une salle de séjour, ce lien est particulièrement important, mais pour le créer, il ne suffit pas de jeter un chintz sur votre bureau ou d'essayer de lire à la lumière d'une lampe de table à peine plus puissante qu'une bougie. Il faut surtout, dans la mesure du possible, choisir des équipements, des éléments et des accessoires qui soient non seulement pratiques, mais qui apportent un complément au décor ; ainsi, des étagères de bois naturel ou peintes de la même couleur que les murs s'intégreront bien dans une pièce traditionnelle, tandis que des étagères en stratifié blanc brillant risquent de détonner. De même, un grand carré de tissu ourlé (noir pour un décor moderne graphique ou de couleur pastel pour un décor rustique) protégera votre ordinateur de la lumière aussi efficacement qu'une housse de plastique.

Bien qu'il soit moins important pour les espaces de travail séparés de s'harmoniser avec le reste du décor, ils doivent avoir un style qui ne tranche pas avec celui des autres pièces. Si votre maison a un petit air victorien, par exemple, un bureau austère jurera avec l'ambiance générale. Si vous voulez mélanger des objets anciens et modernes, évitez le chaos stylistique en combinant les éléments choisis avec soin ; ainsi, des accessoires noirs se conjugueraient bien avec les formes robustes des vieux meubles de chêne, mais écraseraient les lignes délicates d'un bureau ou d'un meuble de style géorgien. Quel que soit le style que vous choisirez, recherchez toujours la simplicité. La plupart des activités, en particulier chez les personnes travaillant à domicile à temps plein, tendent à générer un désordre incontrôlable. Il faut donc éviter d'introduire dans votre décor des étoffes ou des papiers peints à motifs, ou encore des bordures et des frises au pochoir ou des franges à pompons.

En ce qui concerne les principaux éléments d'architecture – les murs, les fenêtres et les sols –, les couleurs unies sont généralement plus indiquées. Pour les murs, une sur-

EXPOSER OU CAMOUFLER

Chaque activité, domestique ou commerciale, implique l'utilisation de divers outils, appareils et matériels. Décider de les laisser exposés pour en faire des objets de décoration ou de les ranger dépendra du style de la pièce et de la nature de vos activités.

Dans ce coin de la cuisine (page ci-contre à gauche), les papiers sont rangés dans des casiers sur des étagères ouvertes à côté du linge, de la vaisselle et des provisions, tout en restant à proximité du coin-travail.

Le propriétaire de ce bureau (ci-contre) a choisi l'approche inverse ; des lattes de bois gris ont été utilisées pour le plancher et les murs, ainsi que pour les placards et tiroirs incorporés. Les murs revêtus de bois présentent plusieurs avantages : ils assurent une isolation efficace et peuvent servir à cacher des plâtres, des canalisations ou un papier d'apprêt inesthétiques.

La frontière entre décoration et camouflage est parfois incertaine. Cet étonnant bureau (page précédente à gauche) est meublé avec des objets qui ne seraient pas déplacés dans une galerie d'art moderne. De même, ce bureau incurvé au support massif a la même qualité sculpturale que les poteries qui le surplombent (page précédente à droite).

face peinte, soit unie, soit délicatement badigeonnée, ne constitue pas seulement un choix idéal, elle est également la solution la moins coûteuse et la plus facile à réaliser. Pour obtenir un fond harmonieux, peignez votre plafond de la même couleur que les murs et évitez de créer des contrastes de couleurs trop violents avec les rideaux et les stores et les revêtements de sol. Ce traitement d'ensemble permet également de créer une illusion d'espace, ce qui représente un avantage non négligeable lorsque votre espace de travail est compressé dans un minuscule grenier ou un réduit.

Le traitement des fenêtres doit aussi produire un effet professionnel ; pour les rideaux, choisissez une tringle simple, une tête de rideau nette et, si nécessaire, une can-

Autrefois, les demeures des familles fortunées comportaient un bureau fait sur mesure – une étude ou une bibliothèque séparée –, un véritable sanctuaire tapissé de livres et meublé de fauteuils bien rembourrés et d'un bureau recouvert de cuir. Même si peu d'habitations modernes offrent un tel luxe, l'idée reste séduisante et peut être adaptée.

Une importante collection de livres permet de donner une impression de styles similaires comme dans ces deux salles de séjour qui comptent un bureau traditionnel parmi leur mobilier (à droite et à gauche en haut). Bien qu'aucun de ces deux bureaux ne puisse servir de base à une petite entreprise à domicile, ils sont suffisamment confortables et agréables pour rendre moins pénible le règlement des factures.

En dépit de son aspect authentiquement victorien, cette pièce claire et spacieuse (en bas à gauche) est un atelier d'artiste parfaitement équipé ; ici, le matériel d'artiste – chevalet, pinceaux, tubes de peinture et compositions de natures mortes – s'avère tout aussi décoratif que les meubles traditionnels.

tonnière – les ruchés et les volants seraient déplacés. De même, les stores trop travaillés sont déconseillés. Les stores vénitiens et les stores ajourés sont tout à fait adéquats pour les bureaux, mais les simples stores à enrouleur ou modèles romains et les rideaux vénitiens de bois, en particulier les stores à lamelles de cèdre brillantes, offrent une combinaison séduisante d'efficacité et d'élégance.

Le facteur le plus important lorsque vous décidez d'un revêtement de sol pour votre espace de travail est le type d'activité que vous comptez y exercer. Dans l'ensemble, il vaut mieux éviter les tapis de haute laine, qui s'usent vite aux endroits les plus exposés, en particulier sous votre bureau. De même, les petits tapis ont la fâcheuse habitude de se prendre dans les roulettes ou les pieds de chaise. Pour la plupart des activités de bureau, une moquette à poil ras de bonne qualité est un bon choix, car elle allie chaleur, confort et attrait esthétique. Cependant, si vous exercez une activité manuelle, un sol nu est la meilleure solution ; même si vous n'êtes pas toujours aux prises avec des substances salissantes telles que la peinture ou la colle, vous vous rendrez vite compte qu'il est beaucoup plus facile de balayer épingles et écrous sur des dalles de liège, de linoléum ou de carrelage que de passer l'aspirateur sur une moquette, même à poil ras.

La magie des couleurs

La couleur est un élément de décoration déterminant. Son influence s'étend bien au-delà des considérations esthétiques. La nuance choisie pour les murs et le plafond peut non seulement modifier les dimensions apparentes d'une pièce, sa température et sa luminosité, elle peut également affecter l'humeur de ses occupants.

UNE TOUCHE DE COULEUR

Une fois que vous avez choisi une ou deux nuances de base, réfléchissez bien à l'incidence qu'elles auront sur votre humeur. Les personnes dont le lieu de travail est dominé par le blanc auraient intérêt à injecter une touche de bleu ciel ou d'ocre-rouge chaud. Inversement, celles qui travaillent avec la couleur – qu'il s'agisse d'étoffes ou de peintures – jugeront sans doute qu'elles reçoivent déjà suffisamment de stimulation visuelle et préféreront peindre leurs murs dans une teinte claire ou neutre.

Dans cet atelier de couture clair et spacieux, toutes les surfaces – murs, plafond incliné, poutres, plancher et éléments de rangement incorporés – ont été peintes en blanc pur pour ne pas fatiguer l'œil de son occupante – spécialisée dans la confection de couvre-pieds en patchwork –, et constituent une toile de fond unie qui ne rivalisera pas avec les étoffes multicolores accrochées aux murs.

UN BON USAGE DU BLANC

Inondé de lumière et caractérisé par une vue spectaculaire sur la mer, ce bureau a un air marin, frais, renforcé par le plancher de bois et les grandes surfaces blanches brillantes des murs, des fenêtres et des boiseries.

Prenez garde cependant de ne pas vous en remettre systématiquement au blanc dès que votre assurance vous abandonne. Loin d'être un choix sûr, le blanc pur peut être difficile à utiliser sur de grandes surfaces, en particulier dans les pays où la lumière du soleil est rare. Trop souvent, les murs blancs, censés créer un effet de clarté et de netteté, paraissent grisâtres, aussi est-il parfois préférable d'utiliser un blanc cassé ou un crème, voire un ton pastel.

FONCTIONNEL ET ÉLÉGANT

Un goût sûr pour le style et la couleur et une aisance naturelle avec la peinture ont permis à l'écrivain qui occupe ces lieux de créer un espace de travail très personnalisé et en même temps étonnamment fonctionnel.

Un coffre équipé d'une structure métallique et de dossiers suspendus permet de ranger les papiers. Les réserves de papier et autres fournitures sont abritées dans une commode dont la peinture a été vieillie pour s'harmoniser avec le coffre peint. La lampe de table, ornée de motifs de calligraphie, dispense un subtil éclairage d'ambiance tout en fournissant une référence à la vocation de son propriétaire. Enfin, la gracieuse table s'harmonise à la perfection avec le reste de la pièce et offre une vaste surface de travail.

Tirez parti de ces propriétés en évaluant votre espace et vos habitudes de travail, puis en choisissant une couleur dominante appropriée. Rappelez-vous cependant que dans certains cas, les considérations esthétiques sont moins importantes que les considérations d'ordre psychologique. Si vous exercez une activité stressante, il est capital de créer une atmosphère propice à la détente. Si, à l'inverse, votre activité incite à la somnolence ou engendre à la longue un manque de concentration, une harmonie plus gaie et plus stimulante s'avérera salutaire.

Ornements

Dans de nombreux espaces de travail, le moindre mur, la moindre surface, sont occupés par des étagères garnies de livres et de documents ainsi que par les appareils et matériels dont l'occupant se sert constamment. Dans les pièces de ce genre, les objets exposés à des fins purement décoratives occupent parfois un espace précieux.

Cependant, si l'un de vos murs ou recoins a vraiment besoin d'être égayé, intéressez-vous au potentiel décoratif des objets directement liés à votre activité. Au lieu de cacher les écheveaux de laine de couleur, par exemple, mettez-les dans d'énormes bocaux de verre. Installez une série de petites étagères pour exposer des bobines de fil de couleurs différentes ; non seulement l'effet sera des plus heureux, mais cela évitera l'enchevêtrement de fils qui résulte immanquablement d'un rangement à la va-vite dans une corbeille de couture ou dans un tiroir. Si vous travaillez avec des textiles, suspendez un grand morceau d'étoffe à une tige de bambou, de laiton ou de bois. Sinon, accrochez des outils au-dessus de votre établi ou encadrez des couvertures de magazines spécialisés.

Avec ses murs couverts de rangées de gravures monochromes, cet atelier blanc très clair est une réplique contemporaine d'un « cabinet d'estampes » du XVIIIᵉ siècle. À l'époque, les gravures auraient été collées, reliées ensemble par des guirlandes ou des cordons peints au pochoir, puis vernies. Ici, chaque gravure est fixée de façon assez lâche et peut être changée en fonction du travail de l'artiste.

GÉOMÉTRIE

La forme résolument géométrique de ce système de rangement domine cette salle de séjour-bureau, créant une impression d'ordre visuel et de discipline malgré un mélange éclectique de livres, de tableaux, d'objets d'arts et de dossiers.

Derrière le grand bureau de marbre, on aperçoit une chaise Harry Bertoïa ; conçu en 1951, ce grand classique du style moderne international est fait de fils d'acier chromé soudés pour créer une structure treillissée très résistante qui fait écho au thème graphique de la pièce – thème repris par la haute fenêtre à guillotine peinte en noir et dépourvue de rideaux ou de stores.

LES CODES
DE COULEUR

- Une pièce décorée avec des tons chauds tels que le rose ou l'ocre donne une impression de chaleur, tandis que les teintes froides telles que le bleu ou le mauve auront l'effet inverse.

- Les couleurs sombres absorbent plus de lumière que les couleurs claires, de sorte que la même quantité d'éclairage sera moins efficace dans une pièce peinte en ocre-brun que dans une pièce crème.

- Les couleurs claires font paraître une pièce plus grande ; les couleurs plus sombres donnent une impression plus fermée.

- Les teintes douces telles que la couleur pêche, le rose pastel et le vert clair sont réputées pour leur influence apaisante, tandis que les couleurs vives comme le orange et le jaune d'or ont un effet stimulant.

- Les couleurs sont fortement affectées par la lumière. Par conséquent, les bleus et verts froids conviennent mieux aux pièces orientées vers le sud et très ensoleillées qu'aux pièces tournées vers le nord qui reçoivent une lumière plus froide.

- Une harmonie qui ferait intervenir des couleurs vives et heurtées risque de vous déconcentrer.

L'ART DÉCO REVISITÉ

Le style Art déco offre confort et élégance tout en étant parfaitement fonctionnel. Apparu dans les années 20 après la Première Guerre mondiale, ce fut le premier mouvement international à se baser sur le concept, très moderne, que l'aspect esthétique des objets doit aller de pair avec leur caractère pratique.

Le meuble de bureau DIY présenté ici est constitué de deux éléments de rangement représentant la quintessence de l'Art déco et reliés par un bloc de bois massif. Le résultat de cet assemblage ingénieux est un bureau spacieux et fonctionnel équipé de part et d'autre de blocs six tiroirs flanqués chacun d'un placard peu profond.

Par terre, les simples lattes de bois ciré s'harmonisent tout naturellement avec l'ensemble et requièrent beaucoup moins d'entretien que des tapis ou une moquette.

UN CHARME COLONIAL

Il émane de ce tranquille coin-courrier une impression de charme et de simplicité qui est typique du style Shaker dont il s'inspire. Les caractéristiques de ce style rustique – simplicité, fonctionnalité et travail soigné – lui permettent de s'adapter aisément aux espaces de travail.

Ici, les murs unis couleur chamois sont égayés par les poutres de bois et par une barre de bois fixée à hauteur de la cimaise, qui pourrait être adaptée pour répondre à divers besoins de rangement. Équipé d'un large tiroir, le bureau est assez grand pour accueillir des corbeilles d'osier et de bois naturel contenant divers articles de bureau.

Suspendue à l'une des poutres du plafond, une lampe à hauteur réglable introduit une note de confort moderne sans compromettre l'unité de style.

LE RANGEMENT

Un système de rangement bien organisé peut métamorphoser vos journées de travail. Non seulement il occupera moins de place qu'un bric-à-brac de meubles réunis au petit bonheur, mais il garantira que votre matériel et vos documents resteront en ordre et facilement accessibles.

En outre, un cadre bien rangé donne une impression de sérénité professionnelle, de confiance en soi et de contrôle qui vous aidera à garder la tête froide quand les choses iront de travers ou que la tension montera.

UNE PLACE POUR CHAQUE CHOSE

Aucun espace de travail ne peut être fonctionnel sans un système de rangement bien géré permettant d'éliminer le désordre, de maximiser l'espace disponible et d'accroître la productivité en rendant aisément accessibles tous les documents, appareils et fournitures indispensables. De même, un placard bien rangé vous informera instantanément que vos stocks de fournitures sont en baisse.

Établissez une liste de ce que votre espace de travail devra contenir (voir page 14) afin de vous faire une idée précise de vos besoins. Choisis avec goût et un minimum de bon sens, les meubles et accessoires que vous acquerrez peuvent aussi devenir des éléments de décoration.

Les étagères

Les étagères, encastrées ou sur pieds, comptent parmi les pièces de mobilier les plus importantes des espaces de travail. Lorsque vous mettez votre projet au point et choisissez votre mobilier, pensez avant tout en termes de capacité. Vous devez prévoir assez d'espace pour les livres, fichiers et autres, puis ajouter 25 à 50 % pour

N'importe quelle pièce, si petite et si biscornue soit-elle, peut offrir une capacité de rangement plus grande qu'on ne le croirait au premier coup d'œil.

Dans ce grenier converti en bureau (à droite), les marches de bois qui conduisent de l'étude tapissée de livres à la chambre en mezzanine remplissent une double fonction en servant aussi de tiroirs.

Le plafond en pente abrupte de cet atelier ensoleillé (à gauche) limite les possibilités d'ameublement, mais les étagères encastrées permettent une utilisation optimale de l'espace mural disponible.

Une alcôve profonde offre une grande souplesse pour aménager une série d'étagères encastrées et une surface de travail spacieuse (page précédente à gauche). Cependant, si l'architecture de votre pièce ne comporte pas d'alcôve, vous pouvez construire de vastes placards allant jusqu'au plafond (page précédente à droite).

TRÉSORS DU PASSÉ

Les salles de vente aux enchères et les magasins d'occasion sont des endroits de rêve pour vous procurer tout l'équipement de bureau nécessaire, surtout si vous disposez d'un budget serré. En outre, vous pouvez y dénicher des pièces élégantes et fonctionnelles qui n'ont jamais été fabriquées en série ou sont devenues introuvables.

Cherchez en particulier :

- les vieux ameublements de magasin – étagères, éléments de rangement, vitrines d'exposition – dont certains sont équipés de placards et de tiroirs.
- les classeurs pourvus de tiroirs profonds et faits en bois avec des coins de laiton.
- les bureaux de bois traditionnels ou – si vous avez besoin d'une surface plus vaste – de grandes tables rustiques pourvues de larges tiroirs.
- les boîtes de rangement en fer-blanc, en bois (en particulier les cantines ou les petits coffres) ou en carton très résistant ; les vieux cartons à chapeaux sont parfaits pour ranger le matériel de couture.
- les corbeilles à courrier en bois ou les casiers à fournitures qui, comme les modules plus grands, ont des garnitures de laiton.

toutes les choses que vous avez oubliées et pour celles dont vous ferez l'acquisition au fil du temps.

Les étagères encastrées permettent une utilisation optimale de l'espace et reviennent souvent moins cher. Il faut cependant s'assurer qu'elles sont solides, car un poids trop important les fera ployer dangereusement. Si les vôtres sont résistantes, mais minces, donnez-leur un aspect plus robuste en fixant une bordure de bois ou de stratifié. Le principal défaut des étagères encastrées est qu'il est difficile de les déplacer pour les installer dans une autre pièce ou de les réutiliser en cas de déménagement.

Si vous souhaitez une solution plus souple, prévoyez des étagères sur pieds ; si vos exigences sont modestes, vous pouvez même vous en tirer avec une simple bibliothèque.

BIEN EXPLOITER
LES MURS

Il est facile d'adapter une surface
murale disponible pour répondre
à divers besoins de rangement.

L'un des précédents
propriétaires de cette maison
(à droite) a aménagé des placards
et des tiroirs encastrés dans
un renfoncement de cette salle
à manger, pour la vaisselle,
les couverts et le linge de table.
Pour tirer parti de ces éléments
de rangement, l'architecte qui vit
et travaille désormais ici a installé
sa planche à dessin à proximité.

Dans ce petit espace de travail
très moderne (à gauche), un autre
architecte conserve de grands
plans à l'abri en les enroulant
avant de les poser sur des rangées
de crochets fixés au mur.

Derrière deux portes
coulissantes, des étagères
encastrées permettent de lutter
contre le désordre en dégageant
la surface de ce bureau triangulaire
aux lignes très pures. C'est pour
la même raison que la lampe de
bureau articulée a été directement
fixée au mur adjacent.

RANGEMENT
À ÉLÉMENTS

Acheté par éléments séparés puis
enrichi peu à peu et réaménagé en
fonction du budget et des
circonstances, ce système de
rangement à éléments remplit deux
fonctions importantes : il contient
un grand nombre de livres, de
dossiers, de magazines et de
fournitures de bureau et divise la
pièce en deux espaces de travail
distincts.

Les étagères sur pieds comme
celles-ci ne sont pas seulement
indéfiniment extensibles, elles sont
également démontables, ce qui
permet de les déplacer ou de les
déménager sans difficulté.
Cependant, lorsqu'elles atteignent
une hauteur aussi importante qu'ici
et sont très chargées, il est
recommandé de fixer les plus
hautes au mur à l'aide de deux
longues vis.

LES COULEURS À L'HONNEUR

Quand les objets que vous utilisez quotidiennement sont réellement décoratifs, il est dommage de les cacher. Chargé de pelotes de laine richement colorées, ce casier (à droite) constitue une véritable vitrine d'exposition, et ses alvéoles en forme de losange, de même que l'étagère du dessus, permettent de ranger des objets de différents poids et de différentes couleurs.

Construit avec des planches de bois tendre, cet élément tient également lieu de tableau pour les cartes postales, les photos, les échantillons d'étoffe et autres sources d'inspiration.

Atouts cachés

Pour les objets encombrants, préférez un élément de rangement fermé. Une armoire à plans de dessinateur, avec ses énormes tiroirs plats, s'avérera parfaite non seulement pour ranger de grandes feuilles de papier ou de carton, mais aussi pour abriter de la poussière des collections de petits objets. En outre, elle offrira une surface idéale pour poser un fax ou une petite photocopieuse.

Les classeurs commerciaux possèdent des tiroirs particulièrement profonds qui permettent de ranger beaucoup de choses en plus des dossiers suspendus. Cependant, une simple commode fera aussi bien l'affaire pour cacher les objets peu esthétiques. Pour les articles très volumineux ou rarement utilisés, une malle de voyage ou un coffre en fer ou en osier suffiront largement ; les modèles particulièrement robustes peuvent même servir de sièges en cas de nécessité.

Des dossiers bien rangés

Si votre activité vous oblige à consulter sans cesse vos dossiers, rien ne vaut le traditionnel classeur à deux, trois ou quatre tiroirs. (Un seul modèle à quatre tiroirs fournit une capacité optimale pour un minimum d'espace au sol, tandis que deux classeurs à deux tiroirs juxtaposés offriront la même capacité et fourniront en outre une surface utile pour poser une imprimante ou une machine à café.) La version en métal gris de ce grand classique du mobilier de bureau est sans doute la plus répandue, mais on trouve également des classeurs peints en blanc ou en diverses couleurs. Si vous ne trouvez pas la couleur souhaitée ou si votre budget est limité, achetez un modèle d'occasion et transformez-le à l'aide de peinture aérosol laquée.

Il se peut évidemment que vos dossiers ne soient pas assez nombreux pour remplir ne fût-ce qu'un classeur à deux tiroirs. Dans ce cas, contentez-vous de boîtes à archives ou de classeurs à anneaux. Si vous n'avez plus besoin de vous référer à vos documents une fois qu'ils sont rangés, de simples boîtes de rangement que vous pouvez empiler les unes sur les autres sont idéales ; si elles doivent rester en évidence (par exemple sur des étagères ouvertes), vous pouvez choisir des boîtes peintes ou ornées de motifs plutôt que des boîtes unies. Cependant, si vous consultez souvent vos dossiers, vous vous lasserez vite de fouiller parmi des piles de papiers entassés au fond d'une boîte et vous préférerez utiliser des classeurs à anneaux et des onglets de couleurs. Sinon, les cageots ont une forme tout à fait adéquate pour les papiers de grand format ; si vous avez peu de documents, ils tiendront dans un seul cageot.

Bric-à-brac

Les espaces de travail réservés à une activité manuelle ou à un hobby sont souvent encombrés d'outils et de matériels divers. Ainsi, dans un atelier de couture, vous devrez non seulement avoir une machine à coudre, une planche à repasser et des tissus, mais aussi toutes sortes d'accessoires. Il vous faut un système de rangement qui vous permette de vous y retrouver rapidement et de garder tout votre matériel à portée de main. Les petits objets que vous utilisez souvent – par exemple, des épingles, des aiguilles, des ciseaux et des dés – doivent rester groupés, de préférence dans une corbeille ou une boîte divisée en plusieurs compartiments afin que le contenu ne se mélange pas et ne soit pas endommagé. Les objets plus volumineux, tels que les patrons en papier, ou les petits objets que vous devez avoir en grande quantité, comme les bobines de fil et les boutons, pourraient trouver leur place dans une série de boîtes coordonnées – de couleurs différentes pour éviter toute confusion ; ces boîtes sont vendues dans les papeteries ou au rayon mercerie des grands magasins. Sinon, investissez dans un assortiment de boîtes de plastique transparent dont le contenu est immédiatement identifiable. Vous pouvez également adopter un système de rangement à base de casiers.

LE MOBILIER HIGH-TECH

Les étagères sur pieds conçues pour un usage industriel ou commercial présentent de nombreux avantages : elles ont un aspect net et professionnel, offrent une grande capacité de rangement et sont très robustes. Si vous préférez un décor plus traditionnel, procurez-vous plutôt des étagères de bois conçues pour le commerce de détail. Pour un style plus contemporain, choisissez l'un des systèmes métalliques à base d'étagères et de montants de diverses dimensions que l'on réunit à l'aide de boulons comme un jeu de construction géant.

Assemblées à une échelle presque industrielle, ces étagères basiques de métal (à droite) ont été espacées avec soin de façon à pouvoir accueillir toutes sortes d'objets, depuis les beaux livres jusqu'aux boîtes plates et aux dossiers. Le même principe de construction peut répondre tout aussi efficacement à des besoins de rangement beaucoup plus modestes. Dans ce bureau bien élaboré (à gauche), un élément de rangement industriel complète deux longues étagères conçues de façon à ce que leurs fixations demeurent invisibles.

Si vous souhaitez disposer d'autres rangements de ce type à plus grande échelle, fixez au mur un casier métallique dans lequel vous insérerez des boîtes de plastique de différentes tailles et couleurs ; ou rentabilisez l'espace mural disponible en installant un panneau alvéolé permettant de ranger des corbeilles faites sur mesure ou une grille de métal permettant d'accrocher certains accessoires. Même un simple tableau aimanté ou un tableau en liège peuvent s'avérer très utiles pour accrocher des clés, des échantillons de couleurs et des factures retenues par une pince à dessin, ou encore pour afficher les numéros de téléphone dont vous vous servez souvent.

Organisation des surfaces de travail

La plupart des personnes qui font un travail de bureau préfèrent travailler sur une surface bien organisée. Les piles de lettres et de documents décourageantes qui vous font perdre un temps fou se laissent apprivoiser lorsque vous les classez dans des corbeilles à courrier différentes. Vous pouvez trouver facilement des corbeilles de métal ou de plastique (il existe aussi des corbeilles en fil métallique que l'on peut accrocher sous une étagère), mais les corbeilles de bois ou d'osier ont un aspect plus chaud et plus tradi-

tionnel. Vous pouvez choisir des corbeilles de couleurs différentes afin d'identifier leur contenu plus rapidement.

Lorsque vos tiroirs ont une capacité limitée, rangez les petits articles de bureau dans une corbeille à courrier ; les personnes préférant des formes plus graphiques peuvent utiliser une boîte à gâteaux carrée en fer blanc (une grande boîte rectangulaire serait parfaite pour classer des documents). De même, rangez vos crayons et vos stylos dans un joli pot ou dans un vase à bec de laboratoire transparent et mettez vos trombones dans une coupe.

Selon leur contenu, équipez un ou deux tiroirs de bureaux de casiers à fournitures et recourez à la bonne vieille méthode qui consiste à placer dans le tiroir du haut un casier à couverts en plastique, en bois ou en osier afin de contenir le désordre.

Le système de rangement que vous choisirez devra être adapté à son contenu aussi bien qu'au cadre dans lequel il est destiné à s'insérer.

Le propriétaire de ce bureau traditionnel (à gauche) a rangé une montagne de dossiers qu'il utilise rarement dans de vieux casiers conçus à l'origine pour des documents juridiques ; le bureau en bois massif possède neuf tiroirs qui peuvent contenir une grande quantité de documents et de fournitures.

Dans un registre complètement différent, une grossière boîte en bois divisée en petits casiers carrés profonds (tout à fait à gauche) constitue une solution de rangement idéale pour les innombrables épingles, crayons, tubes, pinceaux, brosses et signets qui envahissent la surface de travail des peintres, des couturiers et des dessinateurs.

LES OUTILS DU SCULPTEUR

Pour éviter que les outils pointus ne soient endommagés, ne les entassez pas en vrac dans un tiroir ou un coffre. La simple planche de bois fixée au-dessus de l'établi du sculpteur permet de mettre les outils les plus usuels à l'abri tout en les gardant à portée de main (à gauche). En même temps, ces outils de formes et de couleurs variées servent d'éléments de décoration. Les petites étagères et les tiroirs placés sous la surface de travail contiennent divers matériaux, des ébauches et différents colorants et peintures.

BOÎTES DE MÉTAL

La solution de rangement la plus pratique pour les objets lourds, encombrants ou de formes bizarres est un assortiment de grosses boîtes de métal très robustes.

Soigneusement empilées dans une tour de rangement élancée, ces boîtes de métal fermées présentent un aspect très

sophistiqué grâce à leur fini lisse et brillant et à leurs angles arrondis. Tout aussi pratique, mais d'un style plus rudimentaire, cet ensemble de caisses en métal aux poignées très résistantes permet un accès direct au contenu.

PERLES MULTICOLORES

Les perles de verre, qu'il serait cauchemardesque d'essayer de trier si elles se mélangeaient accidentellement, constituent un parfait élément de décoration. Dans ces casiers fabriqués sur mesure (ci-contre), les perles ont été stockées dans des bocaux de verre transparents, ce qui permet de repérer facilement formes et couleurs.

Sur la surface de travail située en dessous du casier, les bracelets et colliers terminés sont rangés dans d'épais bocaux de verre généralement destinés aux conserves de fruits et de légumes.

COMPARTIMENTS CACHÉS

Quelle que soit leur fonction, tous les espaces de travail devraient comporter un endroit où l'on puisse ranger le fatras généré par son activité.

Au-dessous de l'imposant établi de pierre de ce charmant atelier de poterie (en haut à gauche), une rangée de tiroirs profonds, élégamment étiquetés selon leur contenu, remplit cette fonction à la perfection.

Une solution complètement différente, mais tout aussi rationnelle, a été adoptée pour ce coin-courrier très féminin (en bas à gauche). Ici, ce petit meuble à charnières comportant deux étagères qui se glisse aisément sous la surface de travail contient tout un assortiment de fournitures.

L'ÉQUIPEMENT

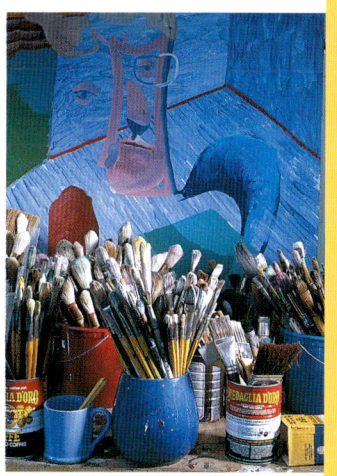

Lorsque vous aménagez un espace de travail que vous voulez fonctionnel, l'un des points les plus importants est le choix d'un équipement parfaitement adapté à votre type d'activité. Cependant, depuis les chaises et les bureaux jusqu'aux appareils spécialisés les plus sophistiqués, les gammes de choix semblent très étendues et le coût d'une erreur éventuelle est une perspective désagréable. Avant de prendre une décision, déterminez vos besoins avec précision et étudiez toutes les options possibles.

CHOIX DU MATÉRIEL

Quelle que soit votre activité, il vous faut d'abord une surface de travail et une chaise. Pour le reste, la quantité et le type d'équipement nécessaires varient énormément suivant la nature de votre travail et le degré d'investissement que vous êtes prêt à consentir en termes de temps, d'argent et d'enthousiasme.

Surfaces de travail

Même si certains métiers d'artisanat et hobbies requièrent des équipements particuliers tels qu'un chevalet, un métier à tisser ou un établi, la plupart des professions

Une surface de travail incorporée offre souvent plus d'espace qu'un bureau conventionnel, et on peut l'installer à la hauteur souhaitée. De plus, ce système vous permet d'ajouter des blocs-tiroirs correspondant exactement à vos besoins : des tiroirs peu profonds pour les stylos et autres articles de bureau, des tiroirs plus profonds pour les dossiers suspendus, ou une combinaison des deux types de tiroirs. Certains éléments sont même vendus avec des roulettes qui les rendent plus faciles à déplacer.

Sur cette surface de travail en forme de L (à droite), un support d'ordinateur permet d'élever l'écran à la hauteur des yeux et contient un tiroir où l'on peut ranger le clavier après usage.

DÉGAGER LES SURFACES DE TRAVAIL

Si vous n'utilisez pas votre machine à écrire ou votre ordinateur en permanence, essayez de placer votre clavier de façon à ce qu'il ne monopolise pas votre surface de travail. Ici, un meuble informatique sur roulettes, légèrement plus bas que le bureau, pivote pour se mettre dans la position souhaitée (à gauche).

Une autre solution, moins compacte cependant, consiste à installer une deuxième surface dans la pièce. Non loin de l'espace de travail incorporé (illustré page 11), une table de salle à manger accueille un grand écran d'ordinateur ainsi que le clavier, la souris et l'imprimante (page précédente à gauche).

L'artiste qui occupe ce petit atelier (page précédente à droite) a su dégager une surface de travail précieuse en rangeant une collection de pinceaux et de brosses dans un assortiment éclectique de boîtes de conserve, de pots et de seaux.

LE STRICT NÉCESSAIRE

Ce coin-bureau très fonctionnel a été conçu à partir d'une surface de travail faite sur mesure et soutenue, non par des pieds ou des tréteaux, mais par des tasseaux fixés au mur. Pour limiter les dépenses, un panier de bois tient lieu de corbeille à papiers, tandis que documents et dossiers s'empilent dans des cageots à fruits et à légumes. Sur la surface de travail, les petits articles de bureaux sont cachés dans des boîtes de métal que l'on rencontre habituellement dans les cuisines.

Plus haute qu'une chaise de bureau standard, la robuste chaise d'établi est équipée d'une assise réglable en hauteur grâce à un système d'écrou.

61

DES SIÈGES IRRÉSISTIBLES

Les fauteuils choisis par le décorateur pour ce bureau (à gauche) aménagé de façon luxueuse ont un aspect classique qui conviendrait tout aussi bien à un petit espace de travail. Même s'ils ne sont pas très bon marché, leur dossier inclinable, leurs assise réglable en hauteur, leur piètement stable et leurs confortables accoudoirs les rendent parfaitement adaptés à leur fonction et en font un excellent investissement.

Pour cacher le désordre du travail en cours, rien ne vaut le traditionnel bureau à cylindre. Dans ce coin de bureau (à droite), un air de nostalgie est renforcé par un fauteuil classique en bois.

Les personnes qui souffrent de maux de dos trouvent souvent la position assise conventionnelle inconfortable, en particulier sur de longues périodes. Dans ce cas, les experts recommandent un siège inclinable permettant de réduire la pression sur les lombaires. L'une des formes de sièges inclinables les plus en vogue est un siège ergonomique (« assis-à-genoux »), comme celui qui s'intègre si bien dans cet intérieur japonais très sobre (tout à fait à droite).

exercées à domicile exigent avant tout un bureau. Les modèles les plus élaborés et les plus coûteux sont de véritables stations de travail minutures, avec une forme en L ou en U et des compléments incorporés tels que des blocs-tiroirs et des paravents. Cependant, beaucoup se contentent d'installations plus modestes : un bureau ordinaire, neuf ou d'occasion, une petite table à tréteaux ou de salle à manger, ou simplement une large étagère encastrée assez profonde. Ceux qui préfèrent travailler sur une surface en équerre peuvent investir dans une planche à dessin qui peut être rangée à la fin de la journée.

Les critères les plus importants à retenir sont la surface et la hauteur ; les bureaux faits sur mesure ont toutes les chances de convenir (les bureaux de haut de gamme sont équipés d'un mécanisme permettant de régler la hauteur du plateau), mais si vous avez l'intention d'adapter une table ordinaire, vérifiez qu'elle est à peu près à la bonne hauteur ; si ce n'est pas le cas, achetez une chaise de bureau réglable.

Les sièges

Votre siège doit être choisi en fonction du temps que vous y passerez. Si l'essentiel de votre activité consiste à consigner les impressions de la journée dans votre journal intime, vous pouvez choisir un siège en fonction de vos goûts ou de ce qui est disponible dans le commerce. Cependant, si vous devez passer beaucoup de temps assis, il est essentiel d'investir dans un siège haut de gamme,

Pour une activité artisanale ou un hobby auxquels vous ne vous livrez qu'occasionnellement, choisissez des meubles escamotables que vous pouvez ranger dans un coin pour libérer l'espace. Dans cet ancien grenier aux murs revêtus de bois (à gauche, en haut), une vaste surface de travail de bois est posée sur une paire de tréteaux et les deux chaises, une fois repliées, sont presque plates.

Pour une activité à temps plein, le vieux fauteuil de bureau traditionnel (ci-dessous à gauche) est particulièrement agréable. Avec son dossier incurvé fait de lattes de bois et ses robustes accoudoirs, il crée instantanément une impression de sécurité et de nostalgie.

ergonomique, afin de vous procurer le maximum de confort et de vous éviter de mauvaises positions susceptibles de vous endommager le dos, le cou et les épaules de façon irréversible.

Écrans d'ordinateur

Au cours des dernières années, les ordinateurs se sont parfaitement intégrés dans les bureaux. Dans un grand nombre d'entreprises à domicile ils constituent le point central de leurs activités, et beaucoup d'autres recourent à l'informatique pour les tâches administratives telles que le règlement des factures, la comptabilité et le courrier.

Cependant, ces appareils sophistiqués peuvent être la

Débarrassez votre bureau de tout son fouillis en utilisant murs et fenêtres. Par exemple, remplacez votre agenda par un tableau géant que vous pourrez effacer à la fin de la semaine ou par une rangée de pinces qui retiendront vos aide-mémoire. Accrochez une grille de métal chromé qui pourra servir à la fois à ranger des objets ou à les exposer, ou égayez un store en le bordant de cartes postales.

cause d'une nouvelle maladie professionnelle, le « syndrome de surmenage musculo-tendineux ». Avec les ordinateurs, il n'y a aucune variété de mouvement, et les touches sont tellement sensibles qu'elles réagissent à la moindre pression, de sorte que l'opérateur ne peut jamais laisser ses doigts reposer sur le clavier. En conséquence, les muscles du poignet, des mains et des doigts restent tendus pendant des périodes prolongées, et c'est cette tension qui conduit à l'apparition de la maladie. Pour réduire les risques, procurez-vous un clavier équipé de touches moins sensibles qui vous muscleront les doigts et ne s'emballeront pas si ceux-ci s'attardent trop longtemps dessus. Il doit être presque plat ou légèrement

incliné, de façon à ce que vos poignets et vos mains forment une ligne droite lorsque vous travaillez. Il est important que le clavier soit indépendant de l'écran afin que vous le positionniez convenablement.

Il existe un accessoire qui permet de lutter contre ce « syndrome » : il s'agit d'un support de poignet – une barre de hauteur réglable que vous placez devant votre clavier. Cependant, les avis sont très partagés quant à son efficacité ; certaines personnes ne consentiraient à aucun prix à s'en passer, tandis que d'autres affirment que cet accessoire ne fait qu'aggraver le problème en entravant la circulation sanguine et en soutenant le poignet à un angle indésirable.

CHOISIR UN BON SIÈGE

Un siège bien conçu fournit un bon support et autorise une grande liberté de mouvement, ce qui vous permet de travailler pendant de longues heures sans vous sentir mal ou soumettre telle ou telle partie de votre corps à une tension trop soutenue.

Un bon siège doit avoir :

- Un dossier rembourré inclinable et réglable en hauteur afin de soutenir vos lombaires, très fragiles, et qui causent souvent des maux de dos.

- Une assise rembourrée réglable en hauteur qui puisse s'adapter à votre taille et à la hauteur de votre bureau. Lorsque vous êtes assis, vos cuisses doivent être parallèles au sol et vos pieds doivent reposer à plat sur le sol ou sur une barre d'appui.

- Un piètement stable : les meilleurs modèles possèdent cinq branches.

- Un système pivotant qui vous permette de changer d'angle et de position sans avoir à vous tordre le cou ou le dos.

- Les accoudoirs rembourrés viennent en option. Beaucoup les trouvent très confortables, en particulier s'ils sont réglables en hauteur, mais ils ne doivent pas empêcher votre siège d'être placé assez près de votre surface de travail.

Le dédale technologique

Pour les personnes aisées et passionnées de gadgets de haute technologie, le bureau à domicile est un terrain de jeux potentiel, pouvant accueillir un téléphone multifonctions, un répondeur automatique, une photocopieuse, un télécopieur et d'autres gadgets encore.

Avant d'investir dans l'un de ces appareils, étudiez avec attention toutes les marques et modèles disponibles sur le marché, puis voyez s'ils correspondent à vos besoins et à votre budget. De la sorte, vous ne raterez pas une fonction ou une caractéristique qui vous serait d'un grand secours et vous ne gâcherez pas votre argent pour toute une série d'options que vous n'utiliserez jamais.

Un moyen évident d'économiser du temps et de la place est d'acheter des appareils multifonctions, comme le téléphone-fax-répondeur. L'idée est excellente, mais avec les appareils sophistiqués de ce genre, il est encore plus important de comparer les divers modèles et d'investir dans des produits haut de gamme, faute de quoi vous risquez de vous retrouver avec un appareil qui ne remplit aucune de ces fonctions convenablement. En outre, si l'une des fonctions tombe en panne, il ne vous reste plus qu'à trouver un appareil de remplacement pour toute la durée de la réparation.

MÉTIERS D'ARTISANAT

L'œil de l'artiste et l'habileté de l'ébéniste sont clairement apparents dans la disposition de cet atelier à la fois agréable et fonctionnel (à droite). Encadrée comme un tableau de valeur, une collection d'outils est exposée d'une façon aussi artistique que rationnelle, tandis que des éléments de sculptures et de moulures pendent du plafond comme des stalactites.
Beaucoup d'ateliers d'artisanat présentent le même mélange d'esthétique et de fonctionnalité. La couturière-modiste qui travaille dans cette grande pièce carrelée (à gauche) a déniché l'immense table de coupe dans un grand magasin qui allait fermer. De même, la haute vitrine d'exposition visible derrière a été récupérée au rayon mercerie du même magasin. La chaise conçue spécialement sur laquelle elle s'assied pour dessiner des patrons et esquisser de nouveaux modèles est beaucoup plus moderne.

L'ÉCLAIRAGE

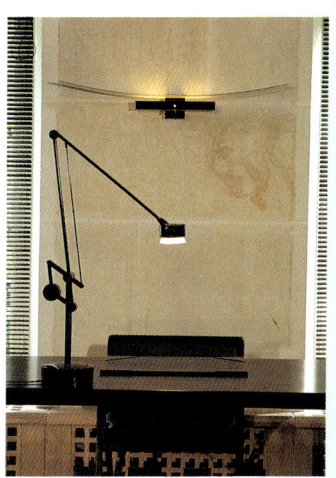

Dans les espaces de travail plus encore que dans les lieux de détente, l'éclairage doit être traité comme un élément essentiel de la conception de la pièce, et non pas uniquement comme un simple accessoire de décoration.

Quelle que soit votre activité, le choix d'un éclairage adéquat pour votre bureau ou votre atelier ne rendra pas seulement l'espace plus agréable et plus confortable, il diminuera les risques de fatigue visuelle et il vous aidera aussi à vous concentrer.

DES IDÉES LUMINEUSES

Un bon éclairage de votre espace de travail vous profitera de diverses manières : il sera plus confortable et facilitera votre travail, car un mauvais éclairage entraîne tension oculaire et maux de tête ; il rendra votre bureau ou votre atelier plus agréable, en mettant en valeur certains aspects d'une pièce ; enfin, il assurera la sécurité requise pour votre coin de travail.

Un éclairage adapté à sa fonction

Deux facteurs entrent en jeu dans la conception d'un système d'éclairage : celui de votre surface de travail et l'éclairage d'ambiance. Quand on exerce une activité professionnelle dans un coin de salle de séjour ou de chambre à coucher il est souvent plus facile de se concentrer si l'on est enfermé dans un cercle de lumière.

L'éclairage d'ambiance, quant à lui, couvre une surface beaucoup plus importante. Il tend à être plus subtil, et sa principale fonction est d'adoucir le contraste entre le halo de lumière de votre surface de travail et l'obscurité environnante. En outre, si votre espace de travail est situé dans un endroit qui reçoit peu de lumière naturelle, comme une cave, un grenier ou un palier, un éclairage d'ambiance adéquat le rendra plus sûr en attirant votre attention sur les dangers potentiels tels que les enchevêtrements de fils électriques, une marche ou un escalier.

L'éclairage de la surface de travail

Pour éclairer votre surface de travail, le mieux est une lampe de bureau, un spot à pince fixé à une étagère ou un tube fluorescent installé au-dessus de votre bureau ou de

votre table de travail. Les meilleures lampes de bureau et par définition, tous les spots, présentent l'avantage d'être orientables d'une façon ou d'une autre – soit grâce à un système de rotation, ou de pivot, soit grâce à un système d'articulation. On citera notamment la lampe d'architecte articulée standard et le modèle traditionnel à monture flexible, pourvu d'une base robuste et d'une longue tige flexible. D'autres accessoires orientables peuvent être mis grâce à une tige coulissante, une tige et un abat-jour pivotants ou une articulation mobile.

En termes de fonctionnalité, de rapport qualité-prix et d'esthétique sans prétention, rien ne vaut la lampe d'architecte articulée standard. L'éclairage de ce bureau contemporain est assuré par deux modèles noirs laqués fixés à une étagère (à droite). Cependant, au lieu d'être accrochés par des pinces, ils ont été vissés directement dans le bois et sont retenus par un boulon.

Dans cette pièce d'aspect un peu clinique (gauche), deux paires de lampes articulées blanches sont fixées en haut d'un écran qui tient lieu de dosseret géant et permet de séparer le coin-chambre à coucher du coin-bureau. Fait entièrement d'épais carreaux de verre, l'écran permet d'utiliser la lumière naturelle comme éclairage d'ambiance.

Si votre bureau est placé à proximité d'une baie vitrée, le soleil dispense un éclairage de travail amplement suffisant quand il fait beau. Ici (page précédente à gauche), deux lampes articulées sont prêtes à prendre le relais lorsque le jour baisse.

Les lampes d'architecte articulées sont basées sur un système de contrepoids qui a inspiré de nombreuses versions modernes, comme ce modèle noir au socle massif et à la tête en forme de disque (page précédente à droite).

LES TROIS FONT
LA PAIRE

Véritable classique des
équipements de bureau, la lampe
articulée se prête à une autre
interprétation dans cette salle
de séjour-bureau noire et crème.

Deux de ces lampes articulées
sont accrochées à une étagère
au-dessus du divan à l'aide d'un
système de fixation à étau et la
troisième sur le bureau dispense
un excellent éclairage. Fait
en aluminium à finition satinée,
le style high-tech est démenti par
les abat-jour en forme de tambour
traditionnels.

Les tubes fluorescents ou néons, offrent moins de sou-plesse, mais habilement dissimulés sous une étagère, ils ne prennent pas de place et sont tout à fait adéquats pour les espaces restreints ou les décors minimalistes.

Quelle que soit la forme d'éclairage de votre surface de travail que vous choisissiez, elle devra être efficace et rai-sonnablement neutre – évitez une lumière trop jaune, trop rose ou trop bleutée. Ceci est particulièrement important si vous travaillez dans un domaine comme la photogra-phie ou le design, où la couleur joue un rôle essentiel. À cet égard, les ampoules au tungstène (incandescentes) sont légèrement supérieures aux lampes fluorescentes. Avant tout, l'éclairage obtenu doit être assez puissant. L'âge de l'utilisateur doit également être pris en considé-ration : un adulte de quarante ans a besoin de trois fois plus de lumière qu'un enfant de dix ans pour accomplir la même tâche, tandis qu'un sexagénaire a besoin de quinze fois plus de lumière.

Pour éviter de travailler dans votre ombre, placez un système d'éclairage à l'opposé de votre surface de travail par rapport à la main dont vous vous servez pour écrire, et assez loin pour que la lumière tombe en diagonale sur votre ouvrage : elle doit venir d'en haut à gauche si vous êtes droitier et inversement. En même temps, assurez-vous que votre écran d'ordinateur n'est pas exposé aux rayons du soleil, ce qui causerait un reflet irritant. Si tel est le cas, achetez un store translucide ou un rideau qui fil-trera les rayons du soleil sans les arrêter complètement.

Si vous vous servez d'outils manuels, des vibrations sont inévitables, ce qui risque non seulement de faire clignoter une lampe de bureau, mais aussi de la faire tomber s'il s'agit d'un modèle peu stable. Pour résoudre

Les lampes de bureau qui ont une tête aussi petite que celle-ci (ci-dessus) assurent un éclairage généreux grâce à une minuscule ampoule halogène au tungstène. Bien que les ampoules halogènes coûtent plus cher que les ampoules au tungstène ordinaires (incandescentes), elles durent beaucoup plus longtemps et consomment moins d'électricité.

La forme compacte des ampoules halogènes et leur lumière pure qui ne dénature pas les couleurs font qu'elles sont très souvent utilisées pour les systèmes d'éclairage de style contemporain très prisés des architectes et des décorateurs.

L'ÉCLAIRAGE BIEN COMPRIS

Il est beaucoup plus facile de mettre au point un système d'éclairage efficace si vous évitez certains pièges courants.

● Pour des raisons de style, vous pouvez être tenté de choisir une simple lampe de table pour éclairer votre surface de travail, mais rappelez-vous que ce type de luminaire est conçu avant tout pour décorer et pour créer une atmosphère douce propre à la détente. En conséquence, il est peu probable qu'une lampe de table puisse fournir un éclairage adéquat pour votre surface de travail.

● Lorsque vous réglez une lampe de bureau orientable, assurez-vous que l'ampoule est complètement cachée, faute de quoi elle vous aveuglera, même si elle n'est que partiellement visible.

● Il ne faut jamais compter uniquement sur la lumière naturelle ; même si votre bureau est placé devant une fenêtre, vous aurez besoin d'un éclairage de travail complémentaire pour les jours de grisaille.

● Évitez de vous en remettre à un plafonnier pour répondre à tous vos besoins d'éclairage. Ce type de luminaire dispense une lumière omniprésente, dure et inefficace qui tend à écraser les objets.

PRIORITÉ ABSOLUE

Si vous êtes obligé d'installer votre surface de travail dans un espace restreint, gagnez de la place en fixant votre système d'éclairage à une étagère.

Le spot de ce bureau compact (en haut à gauche) pivote de façon à pouvoir éclairer l'ordinateur, la surface de travail ou, à la fin de la journée, les images épinglées au tableau de liège.

Si une lampe à pince ne convient pas, installez une rampe de spots au plafond. Dans cette étude (en bas à gauche), deux cylindres de métal retiennent des spots à réflecteur et peuvent glisser le long de la rampe pour éclairer n'importe quelle partie de la pièce au gré des nécessités.

Sur la table de pin patinée qui constitue le coin-travail de cette élégante salle de séjour française (à droite), une lampe de table décorative diffuse une lumière chaude propre à la détente. Cependant, lorsque le maître des lieux a du travail, la suspension de style industriel dispense un éclairage plus puissant.

ce problème, choisissez plutôt une lampe à pince que vous accrocherez à une étagère ou un spot pivotant que vous fixerez à un mur adjacent.

Éclairage d'ambiance

Si vous aménagez votre espace de travail dans une pièce qui remplit une autre fonction, les installations fixes déjà en place vous fourniront sans doute tout l'éclairage d'ambiance nécessaire. Dans une chambre, une ou deux petites lampes de table équilibreront votre éclairage de travail efficacement. Un accessoire particulièrement utile dans les pièces multifonctions est un variateur de lumière ; ainsi, dans une salle de séjour, un variateur relié à plusieurs éclairages de table ou muraux vous permettra de baisser la lumière ou de l'augmenter selon le type d'activités exercées.

Dans une pièce à usage unique, les lampes de table fourniront un éclairage d'ambiance parfaitement adéquat ; si les surfaces libres sont rares, choisissez une alternative telle qu'une lampe standard, un lustre bas, des lampadaires, des rampes de spots fixées au mur ou au plafond, des spots encastrés dans le plafond ou des éclairages spéciaux comme les réglettes pour tableaux. Tous les luminaires muraux remplissent cette fonction à merveille et toutes sortes de modèles existent, depuis les modèles de cuivre traditionnels aux simples globes en passant par les vasques et les systèmes d'éclairage muraux que l'on trouve dans les entrepôts de marchandises ou les usines. Si l'aspect industriel dépouillé vous séduit ou si votre espace de travail est trop grand pour un simple éclairage domestique, faites le tour des magasins d'équipement professionnel spécialisé aussi bien que celui des magasins de vente au détail.

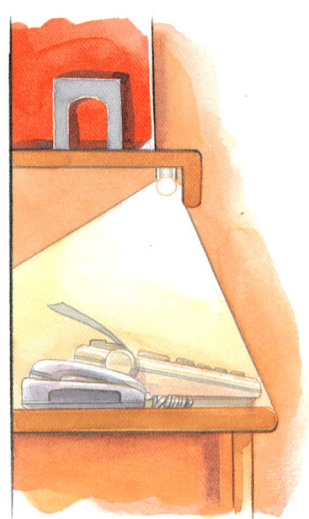

Cachée derrière une bordure de bois profonde, une rampe fluorescente reste complètement invisible et occupe très peu de place (ci-dessus).

Les tubes fluorescents ont une durée de vie beaucoup plus longue que les ampoules au tungstène (incandescentes) et ils consomment moins d'énergie, mais beaucoup dispensent une lumière froide que certaines personnes trouvent dure et peu flatteuse.

LA BONNE ORIENTATION

Les lampes de bureau doivent être placées au-dessus de votre travail et légèrement sur la gauche si vous être droitier ou inversement. Le propriétaire de cette surface de travail en verre très résistant (à gauche) est droitier, aussi a-t-il placé la lampe à tige pivotante dans le coin supérieur gauche de la table pour s'assurer un éclairage généreux et sans ombre.

Si deux personnes – l'une droitière, l'autre gauchère – se partagent le même espace de travail à tour de rôle, elles peuvent soit se contenter d'une seule lampe de bureau qu'elles déplacent à leur gré, soit acheter deux lampes articulées et les fixer de part et d'autre du bureau (à droite). Notez le spot encastré dans le plafond qui dispense un éclairage d'ambiance et fait ressortir le panneau de liège couvert de cartes postales.

INDEX

CRÉDITS PHOTOGRAPHIQUES

Les éditeurs tiennent à remercier les personnes et les organismes suivants qui les ont autorisés à reproduire les photographies de cet ouvrage :

Couverture : J.C. Buggeai/S.I.P./Elizabeth Whiting & Associates ; 1 Alexandre Baillache (Décorateur : Christian Liaigre)/Stylographe ; 2 Paul Ryan (Architecte : Ian Hay)/Conran Octopus ; 3 Alexandre Baillache (Décorateur : Christian Liaigre)/Stylographe ; 4-5 Marie Claire Maison/Nicolas Tosi (Styliste : Catherine Ardouin) ; 6 Reiner Blunck ; 8-9 Nicholas Kane (Architecte : Mark Guard Associates)/Arcaid ; 9 à droite Elizabeth Whitign & Associates ; 10-11 Paul Ryan (Architecte : Ian Hay)/Conran Octopus ; 12 John Freeman ; 13 David Phelps ; 14 Simon Brown (Décorateur : John Stefanidis)/Interior World ; 15 Marie Claire Maison/Gilles de Chabaneix (Styliste : Catherine Ardouin) ; 16-17 Eigen Huis & Interieur/Spaarnestad/Utrecht/Hollande ; 18 Paul Ryan/International Interiors ; 19 Paul Warchol ; 20-21 Tim Street-Porter (Architecte : Barton Myers) ; 22-23 Lars Hallén ; 23 Mark Darley/Esto ; 24 Richard Paul (Décorateur : Dominique Vaulthier) ; 25 Reiner Blunck ; 26 à gauche V.T. Wonen/Spaarnestad/Utrecht/Hollande ; 26 à droite Elizabeth Whiting & Associates ; 27 en haut Ornella Sancassani ; 27 en bas Jérôme Darblay ; 28 à gauche Alexandre Baillache (Décorateur : Christian Liaigre)/Stylographe ; 28 à droite Alexandre Baillache (Décorateur : Christian Liaigre)/Stylographe ; 29 Alexandre Baillache (Décorateur : Christian Liaigre)/Stylographe ; 30-31 Reiner Blunck ; 31 à droite Marie Claire Maison/Jean-Pierre Godeaut (Styliste : J.P. Billaud) ; 32-33 Richard Bryant (Architecte : GEA ; Décorateur d'intérieur : MBA Decoration)/Arcaid ; 32 à gauche Christopher Drake/Robert Harding Picture Library ; 34 en haut Guillaume de Laubier/Stylographe ; 34 en bas Christian Sarramon ; 35 Simon Brown/Interior World ; 36-37 Jérôme Darblay (Architecte : Roderick James) ; 38 Ron Sutherland ; 39 Country Living/Christopher Drake ; 40 Simon Brown/Interior World ; 40-41 Christian Sarramon ; 42 Christian Sarramon ; 43 William Waldron/S.I.P./Elizabeth Whiting & Associates ; 44-45 J.C.Buggeai/S.I.P./Elizabeth Whiting & Associates ; 45 à droite Alberto Piovano (Architecte : Stickland Coombe Architecture)/Arcaid ; 46 Vogue Living/Geoff Lung ; 47 Abitare/Leo Torri ; 48 à gauche S. Couturier/Archipress ; 48 à droite René Stoeltie ; 49 Mark Darley/Esto ; 50 Richard Davies ; 51 Elizabeth Whiting & Associates ; 52 Deidi von Schaewen ; 53 Camera Press ; 54 à gauche Marie Claire Maison/Antoine Rozès ; 54 à droite Marie Claire Maison/Nicolas Tosi ; 55 René Stoeltie ; 56 à gauche V.T. Wonen/Spaarnestad/Utrecht/Hollande ; 56 à droite V.T. Wonen/Spaarnestad/Utrecht/Hollande ; 57 à gauche Elizabeth Whiting & Associates ; 57 à droite Simon McBride ; 57 en bas Dominic Blackmore/Robert Harding Picture Library ; 58-59 Paul Ryan (Architecte : Ian Hay)/Conran Octopus ; 59 à droite Guillaume de Laubier/S.I.P./Elizabeth Whiting & Associates ; 60 Simon Brown/Interior World ; 61 Elle Décoration/Simon Brown ; 62 Mark Darley/Esto ; 63 à gauche Jean-Paul Bonhommet ; 63 à droite Michael Freeman ; 64 en haut Camera Press ; 64 en bas Marianne Haas/Stylographe ; 65 en haut à gauche Simon Brown/Interior World ; 65 en haut au milieu Elle Décoration/Simon Brown ; 65 en haut à droite V.T. Wonen/Spaarnestad/Utrecht/Hollande ; 65 en bas à gauche Elle Décoration/Simon Brown ; 65 en bas à droite Elle Décoration/Simon Brown ; 66 Elizabeth Whiting & Associates ; 67 Mark Darley/Esto ; 68-69 Dominique Vorillon ; 69 à droite S. Couturier/Archipress ; 70 Gionata Xerra (Décorateur : Marco Romanelli ; propriétaire : Gabriella Gilli) ; 71 Mick Hales ; 72-73 Camera Press ; 73 à droite Roland Beauffre/Agence Top ; 74 Elizabeth Whiting & Associates ; 75 Marie Claire Maison/Nicolas Tosi ; 76 Marie Claire Maison/Nicolas Tosi (Styliste : J. Borgeaud) ; 77 Paul Warchol.

REMERCIEMENT DE L'AUTEUR

Sans la fabuleuse équipe éditoriale de Conran Octopus, le temps que j'ai passé à concevoir et à écrire ce livre ainsi qu'à effectuer les recherches nécessaires aurait été moins productif et beaucoup moins agréable. Je suis particulièrement reconnaissant à Jane Chapman, dont la patience va de pair avec un œil impitoyable pour la moindre inconsistance et pour le manque de logique ; Alistair Plum, qui a exigé ordre et clarté pour tous ces chapitres ; et Claire Taylor, qui a réalisé un travail d'iconographie avec goût et célérité.

Je voudrais également remercier John Wallace, Denny Hemming et mon agent, Barbara Levy, sans les encouragements, conseils et soutien desquels les longues heures solitaires que j'ai passées dans mon propre espace de travail auraient été beaucoup plus ingrates.